PASSAGE DES CENDRES

DE

L'EMPEREUR NAPOLÉON

A ROUEN

—

10 DÉCEMBRE 1840

PASSAGE DES CENDRES

DE

L'EMPEREUR NAPOLÉON

A ROUEN

PROCÈS-VERBAL

ROUEN

IMPRIMÉ CHEZ NICÉTAS PERIAUX

RUE DE LA VICOMTÉ, 55

1842

PASSAGE DES CENDRES

DE

L'EMPEREUR NAPOLÉON

A ROUEN

PROCÈS-VERBAL

De la Cérémonie qui a eu lieu à Rouen, le 10 Décembre 1840

RÉDIGÉ PAR ORDRE DE M. Hᵞ BARBET

MAIRE DE ROUEN

LE 3 mai 1840, M. Thiers étant ministre des Affaires étrangères et président du Conseil, et M. Guizot, ambassadeur de France en Angleterre, le gouvernement français avait demandé au gouvernement anglais l'autorisation de rapporter en France les dépouilles mortelles de l'empereur Napoléon.

Cette demande avait été accordée le 9 du même mois.

Le 12, la Chambre des Députés, présidée par M. Sauzet, reçut de M. de Rémusat, ministre de l'Intérieur, l'avis officiel de cette négociation.

M. le prince de Joinville, troisième fils du roi des Français, capitaine de vaisseau, reçut, de son auguste père, la mission de rendre à la France les cendres de son Empereur. Le Roi témoignait, par ce choix, et sa sympathie pour les gloires de la France, et la part personnelle qu'il prenait à cet acte national.

Le convoi, composé de la frégate *la Belle-Poule* et de la corvette *la Favorite*, partit de Toulon le 7 juillet, sous le commandement de M. le prince de Joinville.

L'itinéraire était tracé, et le cercueil de Napoléon devait arriver à Paris par la Seine.

La ville de Rouen attendait, comme toute la France, avec une impatience mêlée d'anxiété, le retour de cette glorieuse expédition.

Dès le 25 mai, M. le Maire avait engagé le Conseil municipal à se préoccuper des mesures à prendre pour le passage des cendres de Napoléon.

Dans sa séance du 24 octobre, le Conseil décida

qu'une députation, composée de MM. Fleury, Bademer, Chesneau, Blanche, Rouland et Quenet, serait envoyée à Paris, pour obtenir du Gouvernement que le cercueil qui renfermait les restes de l'Empereur, fît à Rouen sa première station sur la terre de France, afin que cette grande cité pût rendre à ces dépouilles illustres les honneurs qui leur étaient dûs.

C'était le vœu unanime de la population.

La question ayant été examinée en conseil des Ministres, la demande adressée au Gouvernement par la ville de Rouen ne fut point admise : M. le Préfet fit connaître cette décision à M. le Maire, par une lettre en date du 24 novembre. Le refus était fondé sur ce « qu'il n'était pas convenable que les cendres de l'Empereur devinssent, à leur entrée en France, l'objet d'ovations partielles. Il fallait qu'elles fussent reçues dans la capitale, par la nation entière ; c'était à Paris, seulement, que les restes de Napoléon devaient toucher le sol français. »

D'ailleurs, la saison commandait une extrême célérité ; d'un moment à l'autre la navigation pouvait être interrompue par les glaces.

Les villes qui bordent la Seine devaient donc se

contenter de saluer le cercueil dans son rapide passage.

Cependant, par une faveur toute spéciale, la ville de Rouen avait obtenu que le convoi stationnerait dans son port.

Enfin, la nouvelle de l'entrée de la frégate la *Belle-Poule* à Cherbourg, arrive à Rouen le 4 décembre.

Le 5, M. le Maire convoque le Conseil municipal.

L'Administration et le Conseil étaient alors composés comme il suit :

M. Henry BARBET, manufacturier, membre de la Chambre des Députés, officier de l'ordre royal de la Légion d'honneur, décoré de Juillet, chevalier de l'ordro dc Léopold de Belgique, etc., *Maire* ;

MM. BLIGNY, notaire honoraire ; Eugène MAILLE, ancien député, membre de la Légion d'honneur; et DEROCQUE, propriétaire, *Adjoints* ;

MM. BOUVET-RONDEL, négociant; HAUGUET, négociant, membre de la Légion d'honneur; et PRAT , propriétaire, membres du Conseil, délégués pour remplir les fonctions d'*Adjoints*.

Conseillers, MM.

Curmer, ancien maire de Rouen, ancien député, membre de la Légion d'honneur ;

A. Lemire, négociant, président du Tribunal de commerce ;

Dupont aîné, propriétaire ;

Casimir Caumont, propriétaire, membre de la Légion d'honneur ;

P.-S. Lelong, membre du Conseil général, membre de la Légion d'honneur ;

J. Bademer, négociant, membre de la Légion d'honneur ;

Simonin, président de chambre à la Cour royale de Rouen, membre de la Légion d'honneur ;

Fleury, propriétaire, membre de la Légion d'honneur ;

Blétry, conseiller à la Cour royale, membre de la Légion d'honneur ;

Chesneau, juge-suppléant au Tribunal civil de Rouen, lieutenant-colonel de la garde nationale, membre de la Légion d'honneur ;

Cl. Le Fèvre, notaire honoraire, membre de la Légion d'honneur ;

Frontin-Chéron, propriétaire ;

Delaporte-Lemaire, négociant ;

Lecerf-Levasseur, brasseur ;

Jourdain, propriétaire, membre de la Légion d'honneur ;

Quillou, constructeur de mécaniques ;

Quenet aîné, teinturier, chef de bataillon de la Garde nationale ;

Édouard Rondeaux, manufacturier ;

Dieuzy, propriétaire ;

J.-V. Alexandre, banquier ;

N. Pimont, manufacturier ;

De la Prévotière, propriétaire ;

Blanche, médecin en chef de l'Hospice général, membre de la Légion d'honneur ;

P. Lecoeur, propriétaire ;

De Saint-Léger, ingénieur des Mines ;

Philippe Morel, négociant ;

Decorde, conseiller à la Cour royale ;

Lefort-Gonssollin, négociant ;

Rouland, premier avocat général, membre de la Légion d'honneur ;

Taillet, Doyen de l'ordre des avocats ;

Lizot, président du Tribunal civil de Rouen, membre de la Légion d'honneur.

M. le Maire annonce au Conseil que les cendres de l'Empereur traverseront notre ville le 10 décembre au matin.

Le Conseil nomme une Commission, à laquelle il donne ses pouvoirs pour prendre les dispositions nécessaires. Cette Commission est celle qui a été envoyée en députation à Paris, et à laquelle sont adjoints deux nouveaux membres : MM. Curmer et De Saint-Léger.

Le cercueil de Napoléon ne pouvait s'arrêter que quelques instants dans nos murs ; mais l'Administration voulait qu'une manifestation éclatante témoignât des sentiments de respect et d'enthousiasme qui animaient la population.

Le théâtre où devait se passer l'imposante cérémonie, se trouvait naturellement circonscrit dans le carré que forment le pont d'Orléans, à l'orient, à l'occident le pont Suspendu, et les deux quais de la Seine, au midi et au nord.

Pour rendre cette enceinte digne de celui qu'elle allait recevoir, la Commission concentra sur ce point toute son attention et tous ses efforts.

Le temps pressait, les heures étaient comptées. La Commission, réunie le dimanche 6 décembre, à quatre heures du soir, transmit à M. de Saint-Léger les pleins pouvoirs qu'elle avait reçus du Conseil municipal, et cet honorable citoyen prit, dès ce moment, la haute direction des travaux et la responsabilité de leur accomplissement.

Dans la nuit du dimanche au lundi, le projet de décoration fut élaboré et arrêté.

Le lundi 7 décembre, à sept heures du matin, six cents ouvriers étaient à l'ouvrage.

Les travaux furent poussés jour et nuit sans interruption, jusqu'au mercredi 9, à trois heures du matin. A ce moment, par un brouillard très épais, le thermomètre étant descendu à 5 degrés au-dessous de zéro, l'arceau du pont de fil de fer se trouva couvert de glace, au point que les ouvriers furent dans l'impossibilité de s'y maintenir.

Il fallut suspendre les travaux.

A huit heures, le temps permit de les reprendre.

Dans la journée, on apprit que le convoi était

mouillé au Val-de-la-Haye. La *Normandie* portait le cercueil, qu'elle était allée chercher à Cherbourg.

A midi, M. le Maire se transporta au Val-de-la-Haye, pour rendre aux augustes reliques les premiers hommages de la ville de Rouen.

Les dimensions de la *Normandie* ne permettant pas à ce paquebot de remonter la Seine, le cercueil fut transbordé, pendant la nuit du 9 au 10, sur le bateau à vapeur *la Dorade n° 3*, qui devait le conduire à Paris.

Les travaux furent continués durant toute cette nuit avec une nouvelle vigueur.

Le jeudi 10 décembre au matin, il ne restait plus que quelques détails à terminer, et l'on put admirer l'effet magique de cette belle décoration.

Le portique du pont Suspendu avait été changé en un Arc de triomphe de 27 mètres 50 centimètres de hauteur, sur 39 mètres 50 centimètres de largeur. Cet arc, formé d'une arcade principale et de deux arcades latérales, était recouvert de tentures violettes parsemées d'abeilles d'or et d'N couronnés. Des aigles, quatre figures de la Victoire, de 7 mètres 3 centimètres de hauteur, tenant dans leur main droite, élevée, une couronne de laurier, et dans la gauche une palme ; de larges faisceaux de drapeaux tricolores, groupés à la base de l'Arc triomphal, et dont les plis allaient se baigner dans les flots de la Seine, complétaient l'aspect élégant et grandiose de ce monument improvisé. Les armoiries de l'Empereur surmontaient le ceintre de l'arcade principale.

Douze Obélisques, marquant la limite de l'enceinte, étaient placés à égale distance les uns des autres ; quatre de chaque côté du quai, et quatre sur le pont d'Orléans. Chacun de ces obélisques avait 12 mètres de hauteur. Le socle était peint en granit, et portait, inscrit à sa partie supérieure, le nom d'une des grandes batailles de l'Empire. Sur ce socle s'élevait le fût, recouvert d'étoffe violette, semée d'abeilles d'or.

Entre ces Obélisques se dressaient douze trophées de drapeaux tricolores. Chaque drapeau était surmonté d'une aigle dorée, dont le type avait été fourni par l'aigle d'un drapeau des légions impériales.

Sur le milieu du rond-point du pont d'Orléans, en face de l'Arc de triomphe, flottait un immense drapeau tricolore, dont le mât, de 20 mètres de hauteur, soutenait une aigle dorée, aux ailes déployées, de 2 mètres 40 centimètres d'envergure.

Les deux brise-glaces, restes de l'ancien pont de Bateaux, placés en amont de l'Arc de triomphe, servaient de base à deux élégants Pavillons, revêtus d'étoffe violette parsemée d'abeilles d'or, et ombragés de drapeaux et de guidons aux trois couleurs. Ces deux Pavillons étaient destinés à recevoir les corps de musique, qui devaient exécuter les symphonies funèbres.

Sur la rive gauche de la Seine, entre les deux ponts, à l'endroit où le quai fait saillie dans le fleuve, on avait élevé une tente pour les autorités. Cette tente n'avait pas moins de 30 mètres de longueur sur 60 de largeur. Sa hauteur était de 6 mètres, jusqu'à la corniche de couronnement. Sa décoration extérieure se composait, comme celle de l'Arc de triomphe et des Obélisques, d'étoffe violette semée d'abeilles, et de nombreux drapeaux tricolores. A l'intérieur, elle était tendue d'étoffe de laine damassée, rouge et bleue, relevée, aux ouvertures, par de riches torsades en or.

Enfin, au sommet de la flèche de la Cathédrale, une oriflamme longue de 15 mètres, se déployait au-

dessus d'un énorme faisceau de vingt-quatre drapeaux tricolores, de **10** mètres de longueur.

Toutes les dispositions avaient été prises pour que
rien ne troublât l'harmonie de ces grands préparatifs.

Les marchandises qui encombrent ordinairement les
quais avaient complètement disparu.

Les navires, les chalans et les embarcations que
contenait le port de Rouen étaient relégués derrière
l'île du Petit-Guay. Le bassin était vide, rien ne pouvait gêner la marche du convoi, ni au-delà, ni en deça
des ponts.

Deux navires d'honneur pavoisés, le trois-mâts le
Rothomagus et le brick le *Sylphe*, tous deux du port
de Rouen, furent placés en aval du pont de fil de fer,
l'un près du quai d'Harcourt, l'autre près de la Petite-
Chaussée.

Douze canots légers, portant à la tête de leur mât
le pavillon, surmonté d'un crêpe noir, et dont les
équipages se composaient de rameurs et de plongeurs
revêtus de l'uniforme de la Marine royale, devaient
parcourir la rivière pendant le passage du convoi, et
prêter secours au besoin.

La sûreté des personnes et le maintien de l'ordre avaient été surtout l'objet de la sollicitude de M. le Maire, et les précautions que ce magistrat avait ordonnées ne laissaient aucune inquiétude à cet égard. Le passage des voitures était interdit sur les quais, dans les rues adjacentes, partout, enfin, où la libre circulation aurait pu être interrompue.

Des lices étaient placées à une certaine distance du quai, pour contenir la foule et prévenir tout accident.

A huit heures du matin, on battit le rappel.

Dejà les habitants avaient spontanément pavoisé leurs maisons; le drapeau national ombrageait toutes les rues.

Le temps était brumeux. Le thermomètre marquait 2 degrés au-dessous de zéro.

A neuf heures, les divers corps de la Garde nationale se rendirent aux postes qui leur avaient été assignés.

Les six bataillons de l'infanterie formèrent la haie sur les deux rives de la Seine. Les trois premiers se rangèrent du côté de la ville, la droite, la compagnie de pompiers en tête, s'appuyant sur la Mâture, la gauche touchant le pont Suspendu. Les trois derniers bataillons étaient rangés sur la rive gauche, et occupaient l'espace compris entre les deux ponts.

Le sixième bataillon portait le drapeau de la légion.

Le premier escadron de cavalerie était en bataille devant le cours Boïeldieu, le second sur la place Saint-Sever.

L'escadron d'artillerie avait planté son étendard sur le sommet de la côte Sainte-Catherine. Là avaient été dressés une tente immense et un drapeau tricolore, au pied duquel nos six pièces de canon étaient formées en batterie.

Jamais la Garde nationale de Rouen n'avait montré plus d'empressement; jamais elle n'avait été, ni plus nombreuse, ni plus belle.

Les bataillons des cantons environnants avaient voulu s'unir à la Garde nationale de Rouen, dans cette grande solennité. On remarquait ceux de Sotteville, de Darnétal, de Déville, du Houlme et du Petit-Couronne [1]. Ces bataillons bordaient le quai de la Grande-Chaussée et celui du Havre.

Le 24ᵉ régiment d'infanterie légère occupait le quai de la Petite-Chaussée et le quai de Paris, entre les deux ponts.

Un escadron de gendarmerie de la légion de la Seine-Inférieure, et un escadron du 6ᵐᵉ régiment de cuirassiers, venu exprès d'Amiens, étaient échelonnés sur les ponts, et spécialement chargés de maintenir l'ordre et de faciliter la circulation.

A neuf heures et demie, M. le Maire part de l'hôtel de ville, accompagné de MM. les Adjoints, de MM. les membres du Conseil municipal, de l'État-major de la Garde nationale, à la tête duquel marchent MM. DARCEL, officier de la Légion d'honneur, colonel, et CHESNEAU, membre de la Légion d'honneur, lieutenant-colonel;

De MM. les Administrateurs des Hospices de Rouen;

De MM. les Membres des Bureaux de Bienfaisance;

Du Conseil des Prud'hommes; [2]

De MM. les Professeurs de l'École de Médecine; [3]

De MM. les Professeurs de l'École municipale de Rouen; [4]

De MM. les Conservateurs de la Bibliothèque et du Musée. [5]

De l'Académie royale des Sciences, Belles-Lettres et Arts. [6]

Le Corps municipal s'étant rendu sous la tente réservée, M. le Maire en fait les honneurs aux fonctionnaires, aux corps constitués et aux compagnies, auxquels des invitations avaient été adressées. Il reçoit successivement :

M. le baron TESTE, lieutenant-général, pair de France, grand officier de la Légion d'honneur, commandeur de l'ordre de Léopold de Belgique, commandant la 14ᵉ Division militaire, suivi de ses Aides-de-camp.

M. le baron DUPONT-DELPORTE, pair de France, conseiller d'État, commandeur de la Légion d'honneur, chevalier de l'ordre royal de Léopold de Belgique, préfet de la Seine-Inférieure, accompagné de M. le Secrétaire général.

M. EUDES, officier de la Légion d'honneur, premier président de la Cour royale de Rouen.

M. le baron GÉRARD, maréchal-de-camp, commandeur de la Légion d'honneur, chevalier de l'ordre du Sauveur, commandant le département de la Seine-Inférieure.

M. Lizot, membre de la Légion d'honneur, président du Tribunal civil de Rouen.

M. Amand Lemire, président du Tribunal de commerce.

M. Paumier, président du Consistoire de l'Église réformée.

La Cour royale de Rouen, en robes rouges, M. Mesnard, officier de la Légion d'honneur, procureur général du roi, conduisant le parquet de la Cour.

Les officiers de l'État-major de la 14e Division militaire.

Le Conseil de préfecture. 7

Le Tribunal de première instance, M. Guillemard, procureur du roi, conduisant le parquet du Tribunal.

MM. les officiers de l'État-major de la place.

Le Tribunal de commerce. 8

Le Conseil académique, conduit par M. Des Michels, membre de la Légion d'honneur, recteur de l'Académie de Rouen.

MM. les Juges de paix. 9

L'ordre des Avocats, conduit par M. Thinon, bâtonnier.

La Chambre des Notaires. 10

La Chambre des Avoués. 11

2

La Chambre des Huissiers. [12]

La Société centrale d'Agriculture du département de la Seine-Inférieure. [13]

La Société libre d'Émulation. [14]

La Société libre pour concourir aux progrès du Commerce et de l'Industrie. [15]

S. A. E. Monseigneur le Cardinal, prince de CROY, Archevêque de Rouen, qui devait donner l'absoute, arrive sous la tente, et vient occuper le fauteuil qui lui avait été réservé.

Ce vénérable prélat était parti de Notre-Dame, accompagné de ses Vicaires généraux, du chapitre de la Cathédrale, et du clergé des quatorze paroisses de Rouen, sous l'escorte d'un détachement du 24e léger. S. A. E. avait suivi la rue Grand-Pont, le quai de Paris et le pont d'Orléans, au milieu des marques d'affection et de respect de l'innombrable population qui se pressait sur son passage.

Cette manifestation extérieure du culte catholique était la première qui eût eu lieu à Rouen depuis la révolution de 1830.

Une place d'honneur appartenait aux vieux soldats de l'Empire. Le pont Suspendu leur avait été exclusivement réservé. Ces braves étaient groupés sous l'Arc de triomphe dressé pour le héros dont ils avaient partagé la gloire et les revers. [16]

En face de ces débris mutilés de nos grandes armées, sur le terre-plein du pont d'Orléans, les élèves du Collége royal étaient abrités sous les plis de l'immense drapeau tricolore ; l'aigle impériale étendait sur eux ses larges ailes.

De chaque côté de la tente des autorités, une enceinte avait été disposée pour recevoir les dames, qui, bravant la rigueur de l'atmosphère, s'y entassaient à rangs pressés.

A dix heures, tout fut prêt, et l'on attendit, dans un pieux recueillement, les signaux qui devaient précéder l'arrivée du cercueil.

Bientôt un coup de canon retentit sur la côte Sainte-Catherine, et avertit la foule que le convoi vient de quitter le Val-de-la-Haye.

A ce premier signal, l'épais brouillard se dissipe, les nuages s'entr'ouvrent, et un long rayon de ce soleil qui n'a jamais manqué à aucune des grandes journées de Napoléon, illumine le fleuve qui porte ses restes.

La flottille est entrée sur le territoire de la commune de Rouen. Le canon gronde de minute en minute au sommet de la montagne, et les deux navires d'honneur commencent le salut de deuil, qui ne doit cesser qu'après le départ du convoi.

La *Dorade* arrive à la hauteur de l'île du Petit-Guay. Elle s'y arrête.

Les quatre bateaux qui l'escortaient, et dont l'un porte une partie des braves marins de la *Belle-Poule*, poursuivent leur route, et traversent le bassin à toute vapeur.

La *Dorade* ayant reçu à son bord M. le Capitaine de port [17] et deux pilotes qui doivent la guider pendant son trajet dans la ville, reprend sa course, et arrive sous le grand arceau de l'Arc de triomphe. Là elle ralentit sa marche, et, au moment où elle passe lentement entre les deux piles du pont Suspendu, mille couronnes d'immortelles tombent sur le cercueil, au milieu des pleurs de joie et des cris d'enthousiasme des vieux soldats de l'Empire.

Enfin, la *Dorade* entre majestueusement dans le bassin, et vient rallier le quai, où des amarres la fixent vis-à-vis de la tente sous laquelle l'attendaient les autorités et le clergé.

L'Absoute commence ; S. A. E. Mgr le Cardinal officie.

Aucune description ne saurait rendre le magnifique spectacle qu'offrait le port de Rouen dans ce moment suprême :

Ce large bassin, avec sa noble et riche décoration ;

L'Arc de triomphe flottant sur les eaux, et qui abritait sous ses hautes arcades les compagnons d'armes de Napoléon ;

Le grand drapeau tricolore et l'aigle victorieuse planant sur ces enfants, destinés à remplacer un jour nos guerriers qui s'en vont !

Ces obélisques, dont chacun étincelait d'un rayon de la gloire impériale, et que rehaussait en épais faisceaux l'immortel drapeau de nos grandes armées ;

Les deux rives bordées, à perte de vue, des Gardes nationales de Rouen et des environs;

Derrière cette ligne d'uniformes, une foule si compacte, si immense, que la ville de Rouen eût eu peine à la contenir;

Les dix mille croisées des maisons des deux quais encombrées de spectateurs ;

Les toits, même, chargés de curieux ;

Et au milieu de cette pompe et de cette foule, loin de tout contact avec la terre,

Le cercueil de Napoléon.....

Tout cela formait un ensemble si grand, si magnifique, si saisissant, que ceux-là seuls qui en ont été témoins peuvent en avoir une idée, et que jamais, peut-être, rien d'aussi beau et d'aussi imposant n'avait frappé un regard humain.

Un reflet de soleil vint éclairer encore cette scène, et laissa apercevoir dans les nues l'oriflamme et les drapeaux qui s'agitaient sur l'aiguille de notre Église métropolitaine.

Placé à la vue de tous, sur ce bateau sans ornements, le sarcophage étalait une magnificence tout impériale.

Près d'un autel dressé à la tête du corps, se tenait le prêtre [18] dont les prières l'accompagnaient depuis l'exhumation.

Aux coins du drap mortuaire on contemplait avidement les nobles compagnons d'exil de l'Empereur [19] et l'ami fidèle qui reçut son dernier soupir [20].

Le fils du Roi, incliné devant les restes de Napoléon, veillait avec une respectueuse sollicitude sur le dépôt sacré que lui avait confié la France.

La cérémonie funèbre était finie ; la fête triomphale commença.

Les crêpes de deuil disparaissent.

Les canons de la garde nationale tonnent par volées.

Les salves des navires d'honneur leur répondent.

Toutes les cloches de la ville s'ébranlent et lancent en même temps leur voix dans les airs.

Cependant, un Aide-de-camp de Monseigneur le prince de Joinville vient à terre pour remercier les autorités et la ville tout entière, au nom de S. A. R., qui n'avait point quitté son bord, et pour demander le signal du départ.

Il est 11 heures 25 minutes.

Les amarres sont larguées, la *Dorade* s'éloigne.

Les vieux militaires font entendre de longues acclamations, et leurs adieux suivent le cercueil long-temps encore après qu'il a disparu.

Le cri de *vive l'Empereur !* part des rangs des élèves du Collége royal.

La foule, pensive et recueillie, garde involontairement un solennel et religieux silence.

Cette cérémonie, qui n'a duré que quelques instants, laissera, à Rouen, d'impérissables souvenirs.

M. le Maire de Rouen a voulu que les détails de cette solennité, la plus belle, sans contredit, par la grandeur du sujet et la pompe des décorations dont notre ville ait jamais été témoin, fussent conservées dans un récit simple et fidèle. En conséquence, il a ordonné qu'un procès-verbal de ce qui s'était passé à Rouen, dans cette grande journée, serait dressé par le Conservateur des Archives et le Secrétaire général de la Mairie de Rouen.

Le présent procès-verbal doit être transcrit sur vélin, en deux exemplaires, qui seront accompagnés chacun d'un grand dessin représentant la Vue du Port de Rouen, le 10 décembre 1840, par M. Dumée. L'un de ces exemplaires doit être déposé dans les Archives de la ville, et l'autre dans la Bibliothèque publique.

—

NOTES

ET

PIÈCES OFFICIELLES

NOTES

[1] Le bataillon de Sotteville était commandé par M. Rivette ; celui de Darnétal, par M. Durécu ; celui de Déville, par M. Arnaudtizon ; celui du Houlme, par M. Vaussard ; celui du Petit-Couronne, par M. Néel.

[2] Président, M. Laroche-Barré ; vice-président, M. Quenet aîné.

[3] Directeur, M. Couronné ; secrétaire, M. Parchappe.

[4] M. J. Girardin, membre de la Légion d'honneur, professeur de chimie ; M. Person, professeur de physique ; M. Pouchet, professeur d'histoire naturelle ; M. Gustave Morin, directeur de l'Académie de peinture et de dessin ; M. Alph. Du Breuil, professeur d'agriculture et d'économie rurale.

[5] M. André Pottier, conservateur de la Bibliothèque publique ; M. H. Bellangé, membre de la Légion d'honneur, conservateur du Musée.

[6] Président, M. J. Girardin.

[7] Conseillers de préfecture : MM. de Rieunier, membre de la Légion d'honneur, doyen ; Grenet, Crosnier, Durand, Le Besnier.

[8] Président, M. Amand LEMIRE.

[9] MM. BOURDON, membre de la Légion d'honneur, PILLORE, DUBOSC, MAUGER, LAMORY, MOREAU.

[10] Président, M. MAUGER, notaire à Clères, doyen de l'arrondissement.

[11] Président, M. DAVIEL.

[12] Syndic, M. BÉNARD.

[13] Président, M. DE SAULCY.

[14] Président, M. LEQUESNE.

[15] Président, M. LE MOYNE-JOURDAINNE.

[16] Cette réunion de braves avait choisi pour chef M. le baron TRUPEL, colonel, officier de la Légion d'honneur. C'est lui qui a jeté la première couronne d'immortelles sur le cercueil, comme représentant de tous ses camarades.

[17] M. LEGRAND, chevalier de la Légion d'honneur.

[18] M. l'abbé COQUEREAU, à qui l'on doit un récit de la translation des cendres de Napoléon, de Sainte-Hélène à Paris.

[19] MM. GOURGAUD et MARCHAND.

[20] M. le général BERTRAND.

M. DE ROHAN CHABOT, commissaire du Roi, se tenait aussi à l'un des coins du drap mortuaire.

Une souscription a été ouverte le lendemain même du passage des cendres de l'Empereur, pour faire frapper, au nom de la ville de Rouen, une médaille commémorative de cette cérémonie. Les listes ont été immédiatement couvertes d'un grand nombre de signatures.

Les souscripteurs, convoqués en assemblée générale, ont nommé une commission composée de MM. LE FÈVRE, membre du Conseil municipal, André POTTIER, conservateur de la bibliothèque, ROGER, avocat, et LECERF, membre du Conseil municipal, et qui s'est adjoint MM. DEVILLE, DE SAINT-LÉGER, G. MORIN et H^te BELLANGÉ.

Cette commission était présidée par M. HENRY BARBET.

Un projet de médaille, voté par la commission et dessiné par M. G. Morin, a été proposé à une nouvelle assemblée de souscripteurs, qui l'a adopté.

L'exécution de cette médaille a été confiée à M. DEPAULIS, auteur de la médaille de P. Corneille.

L'administration municipale a décidé que le procès-verbal du passage des cendres de l'Empereur serait imprimé et distribué à MM. les Souscripteurs.

PIÈCES OFFICIELLES

PROCLAMATION

DU MAIRE DE ROUEN

Mes chers Concitoyens,

Après 25 ans d'exil sur la terre étrangère, Napoléon nous est enfin rendu.

Un prince français, digne fils de notre roi citoyen, rapporte à la France ce qui reste de lui.

Encore quelques jours, et cette grande dépouille reposera en paix sous la sauve-garde de sa gloire et des débris de ses invincibles phalanges.

Quelques instants nous sont donnés pour saluer le cercueil du héros qui sut faire respecter le nom français dans le monde entier.

Consacrons-les, mes chers concitoyens, par la solennelle manifestation des sympathies qui sont au cœur d'une population sur laquelle l'Empereur étendit sa main puissante et protectrice.

Associons-nous avec un religieux recueillement aux triomphales funérailles que lui réserve la cité où sa gloire et son génie sont empreints d'une grandeur immortelle.

Le Maire de Rouen,
Henry Barbet.

PROGRAMME DE LA CÉRÉMONIE.

ARRÊTÉ DU MAIRE DE ROUEN.

8 Décembre 1840.

Nous, maire de Rouen, officier de la Légion d'honneur,

Vu l'arrêté de M. le pair de France, préfet du département, en date du 6 de ce mois,

Vu la loi des 16-24 août 1790 ;

Considérant que, d'après les avis officiels qui nous sont parvenus, la dépouille mortelle du héros doit arriver à Rouen le jeudi 10 décembre courant, vers dix heures du matin ;

Qu'il importe de faire connaître à nos concitoyens les cérémonies qui auront lieu dans cette circonstance solennelle, et de prendre les dispositions convenables pour prévenir tout accident ;

Arrêtons ce qui suit :

ART. 1er. La cérémonie sera tout à la fois funèbre et triomphale.

ART. 2. L'arceau central du pont de fer sera décoré en arc de triomphe.

Les anciens officiers, légionnaires blessés et soldats de l'empire, seront réunis sur ce point et ses abords.

Des trophées et des pyramides seront érigés sur les deux rives du fleuve et sur le pont d'Orléans.

Les monuments publics arboreront le drapeau national.

Une oriflamme, entourée de drapeaux, flottera sur la flèche de la Cathédrale.

ART. 3. Les habitants sont invités à pavoiser leurs maisons.

ART. 4. Des navires d'honneur seront pavoisés. Tous les autres navires et bateaux qui se trouveraient, soit en rade du port de Rouen, soit en amont du pont d'Orléans, rive droite, arboreront les couleurs nationales.

ART. 5. Vers neuf heures du matin, S. A. Em. Mgr le cardinal, archevêque de Rouen, à la tête de son clergé, se rendra processionnellement au quai de Saint-Sever, pour y prononcer les prières de la religion sur le cercueil, au moment de son passage.

Art. 6. A la même heure , le corps municipal se rendra de l'Hôtel-de-Ville au quai de Saint-Sever , pour s'y réunir aux autres autorités civiles et militaires convoquées par M. le préfet du département.

Art. 7. Les gardes nationales de Rouen et des communes environnantes , avec les troupes de la garnison , borderont les quais sur les deux rives du fleuve.

Art. 8. Le moment où le *bateau catafalque* partira du *Val-de-la-Haye* sera indiqué à Rouen par deux bombes tirées le long du rivage jusqu'à la place Saint-Sever.

Art. 9. A cette annonce , l'artillerie de la garde nationale , couronnant les hauteurs de la côte Sainte-Catherine , et les navires d'honneur , tireront un coup de canon de minute en minute , jusqu'à la fin de la cérémonie funèbre ;

Les cloches sonneront un glas ;

Les drapeaux seront voilés ;

La musique de la garde nationale et celle de la garnison joueront des marches funèbres.

Art. 10. Après avoir franchi la passe du pont de fer , le *bateau-catafalque* s'arrêtera entre les deux ponts.

S. A. E. Mgr le cardinal , archevêque de Rouen , prononcera l'*Absoute* sur les précieux restes du héros.

Art. 11. Immédiatement après ces prières , une salve de six coups de canon annoncera que la cérémonie prend désormais un caractère triomphal.

Art. 12. Les cloches sonneront en grande volée ;

Tout signe de deuil disparaîtra ;

Les troupes présenteront les armes , les tambours battront aux champs , la musique jouera des airs de triomphe ;

Une salve de cent-un coups de canon attestera l'allégresse de la cité au retour des restes de l'immortel Empereur.

Art. 13. Une distribution générale de secours sera faite aux pauvres par les quatorze bureaux de bienfaisance.

MESURES DE POLICE.

Art. 14. Le jeudi 10 décembre , la circulation des voitures de toute espèce et des chevaux sera absolument interdite depuis huit heures du matin jusque deux heures après la cérémonie , dans toute l'étendue des quais , sur les deux rives , sur le pont d'Orléans , les places Saint-Sever et Lafayette , et les diverses places d'armes de la garde nationale , sur ces dernières seulement jusqu'à dix heures.

Art. 15. Les voitures qui conduiront les autorités ou d'autres personnes à la cérémonie , ne pourront y arriver que par l'intérieur de la ville , les rues Damiette , Malpalu , Royale et le pont d'Orléans.

Art. 16. Depuis huit heures du matin jusque deux heures après la cérémonie, la circulation des grosses voitures, charrettes et camions est interdite dans les rues et places ci-dessus désignées.

Art. 17. Les voitures qui auront amené du monde à la cérémonie ne pourront rentrer en ville que par le pont d'Orléans , le quai de Paris, la porte Guillaume-Lion ou le Champ-de-Mars.

Les place et rue Royale, les rues Malpalu et Damiette, leur sont interdites.

Art. 18. Une fois la cérémonie commencée, aucune voiture ne pourra retourner.

Elles iront toutes se ranger dans les rues des Fossés-Saint-Yves , Lemire , Dutrouché, et au besoin rue Lafayette.

Art. 19. Il est expressément défendu de dresser, sur la voie publique, sur les balcons ou en dehors des fenêtres, des estrades ou autres établissements de même nature.

Aucuns bancs ni chaises ne pourront être placés sur la voie publique.

Art. 20. Il est aussi très expressément défendu de tirer dans les rues, promenades, places publiques et par les fenêtres, des armes à feu ou pièces d'artifice.

Art. 21. Il n'est pas moins défendu, sous les peines les plus sévères, de monter sur les monuments publics, grilles ou arbres.

Art. 22. Des troupes à cheval étant spécialement chargées de maintenir la circulation constamment libre entre la population et les lignes de la Garde nationale et des troupes de la garnison , il est expressément défendu de mettre obstacle à l'exécution de cette mesure de sûreté.

Les habitants comprendront que ce moyen est le seul convenable pour prévenir les accidents malheureux et conserver à la cérémonie le caractère de dignité et de recueillement qu'elle doit avoir.

Art. 23. Le présent arrêté sera envoyé à M. le commandant de la place, avec prière de faire disposer les troupes nécessaires pour en assurer l'exécution.

Art. 24. MM. les commissaires de police prendront, d'ailleurs, toutes les mesures non prévues qui seraient nécessaires pour le maintien de l'ordre.

Ils se concerteront à cet effet avec MM. les commandants de la force publique.

Art. 25. Le présent arrêté , après avoir été soumis à l'approbation de M. le préfet du département , sera affiché aux lieux accoutumés de cette ville.

Fait à Rouen, en l'Hôtel-de-Ville, le 8 décembre 1840.

H. Barbet.

Vu et approuvé par nous, préfet du département.

Bon Dupont-Delporte.

GARDE NATIONALE DE ROUEN.

Ordre du jour du 7 Décembre 1840.

En exécution des ordres qui m'ont été transmis par l'administration municipale, les dispositions suivantes ont été arrêtées :

Le 10 courant, à la pointe du jour, l'artillerie de la garde nationale couronnera de ses pièces les hauteurs du fort de Sainte-Catherine.

Un coup de canon d'alarme sera tiré pour annoncer le départ du Val-de-la-Haye, du convoi qui escortera les restes de l'Empereur.

A son arrivée sur le territoire de la ville, et jusqu'à la fin de la cérémonie religieuse, un coup de canon sera tiré de minute en minute.

Immédiatement après l'absoute, et lorsque le cortége se remettra en marche, cent-un coups de canon, tirés par salves de six pièces, annoncera le départ triomphal.

Le matin, au rappel battu par deux tambours, toute la légion prendra les armes. Les bataillons et escadrons se réuniront sur leurs places d'armes respectives, où ils se formeront sur deux rangs, pour se porter immédiatement sur les rives de la Seine, et y occuper les positions suivantes :

RIVE DROITE (Côté de la ville).

Les trois premiers bataillons occuperont l'espace compris depuis la mâture jusqu'au pont Suspendu, les pompiers à leur droite. M. le chef du 3ᵉ bataillon en prendra le commandement.

Le premier escadron de cavalerie se placera en réserve sur le cours Boïeldieu.

RIVE GAUCHE (Saint-Sever).

Les trois derniers bataillons se placeront sur le quai, la gauche du 4ᵉ appuyée au pont Suspendu, et la droite du 6ᵉ au Grand-Cours. M. le chef du 6ᵉ bataillon prendra le commandement de ces trois bataillons.

Le second escadron de cavalerie sera place en reserve sur la place Saint-Sever.

Tous ces bataillons et escadrons maintiendront l'ordre et la tranquillité, et devront prêter aide et assistance à l'autorité chargée de les faire respecter.

La légion sera en grande tenue d'hiver. MM. les officiers porteront le hausse-col, le crêpe au bras gauche et à l'épée ; les drapeaux et étendards ployés seront recouverts d'un voile noir, ainsi que les tambours.

Le drapeau de la légion sera confié au 6ᵉ bataillon. La musique l'accompagnera seulement depuis sa place d'armes jusqu'à celle de bataille, pour aller occuper ensuite, pendant la cérémonie, l'emplacement qui lui sera réservé. Immédiatement après, elle reconduira ce bataillon.

Lors du passage du convoi, chaque bataillon présentera successivement les armes. MM. les officiers salueront, ainsi que les drapeaux ; et les tambours battront aux champs.

A l'instant où une salve de six coups de canon annoncera le commencement de la marche triomphale, les drapeaux seront déployés, les voiles et les crêpes enlevés, l'on présentera les armes, les tambours battront aux champs, et MM. les officiers salueront, ainsi que les drapeaux.

Les bataillons et escadrons ne quitteront leur position respective que lorsque la salve de cent et un coups de canon sera terminée.

L'appel sera fait, comme d'habitude, avec la plus scrupuleuse exactitude.

MM. les officiers sans troupe de la garde nationale, dans la même tenue que la légion, sont invités par le conseil municipal à se réunir à lui à l'Hôtel-de-Ville, pour l'accompagner à la cérémonie.

Dans le cas où, avant ou après la cérémonie, on pourrait procéder à la reconnaissance de MM. les officiers de la légion, sur l'ordre spécial qui en serait donné, les bataillons et escadrons se réuniraient en masse sur la place de l'Hôtel-de-Ville, où ils occuperaient leur place ordinaire de bataille.

Le colonel, A. DARCEL.

Supplément à l'ordre du jour du 7 Décembre 1840.

Tous les bataillons de garde nationaux étrangers à la ville, qui se présenteraient, le 10 de ce mois, à Rouen, pour assister au

passage du convoi funèbre de l'empereur Napoléon, se place-
raient le long des rives de la Seine, dans l'ordre suivant :

1° Ceux venant par le Mont-Riboudet (bataillon de Déville
et autres) à la droite de la Garde nationale de Rouen, à partir
de la mâture, et dans l'ordre où ils arriveraient.

2° Ceux venant par Darnétal et la route de Paris, de la gauche
du 24ᵉ léger à Eauplet, dans l'ordre où ils arriveraient, ou, au
besoin, sur le pont de pierre, y borderaient la haie dans la première partie, celle du nord, jusqu'au terre-plein ;

3° Ceux venant de Couronne et route de Caen, sur le quai de
de la Petite-Chaussée et des Curandiers, à partir de l'extrémité
ouest de la caserne Saint-Sever, et suivant l'ordre de leur arrivée ;

4° Ceux venant de Sotteville et Oissel, ou route d'Elbeuf, sur
le Grand-Cours, la gauche appuyée à la droite du 6ᵉ bataillon
de la Garde nationale de Rouen, placés suivant l'ordre de leur
arrivée, et, s'il est nécessaire, sur la deuxième partie du pont
de pierre, celle méridionale, à partir du terre-plein.

Le colonel, A. DARCEL.

———

La commission désignée par l'autorité, et prise parmi les anciens officiers et légionnaires de l'Empire, restera en permanence
à l'Hôtel-de-Ville, galerie d'en haut, bureau n° 12, de onze
heures à quatre heures, mardi et mercredi 8 et 9 du présent, pour
délivrer des cartes d'entrée sur le pont Suspendu, réservé,

1° Aux officiers de l'ancienne armée,

2° Aux légionnaires,

3° Et aux amputés de tout grade sous l'empire.

Nul ne pourra être admis, s'il ne justifie à la commission ap-
partenir à une des trois catégories ci-dessus.

Les président et commissaires,

Baron TRUPEL, Henry PERRIN, LAURENT-DIGUET, DEUTSCH.